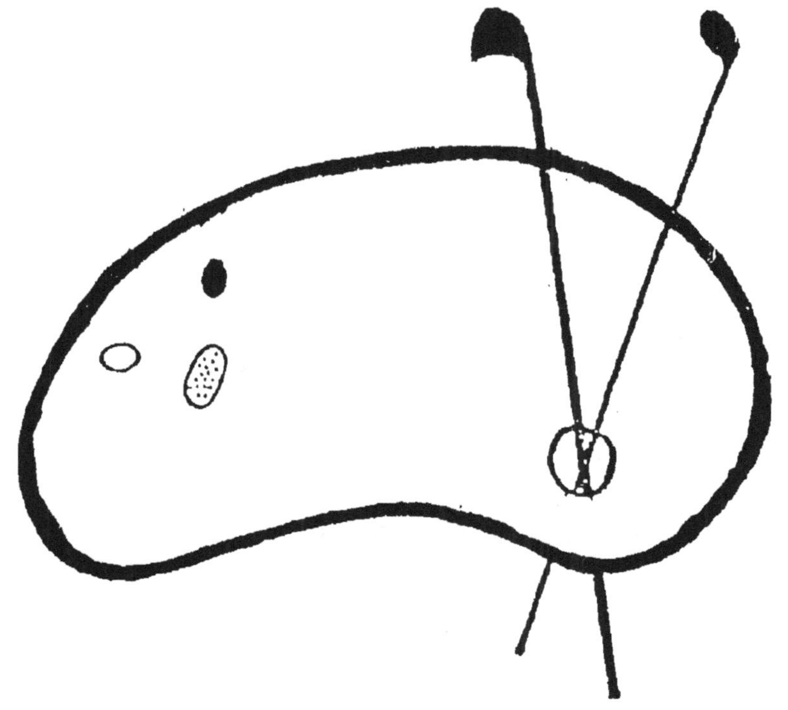

DEBUT D'UNE SERIE DE DOCUMENTS
EN COULEUR

DEUX

Belles Tapisseries

DE BRUXELLES

Du Commencement du XVIIIe siècle

JUIN 1911

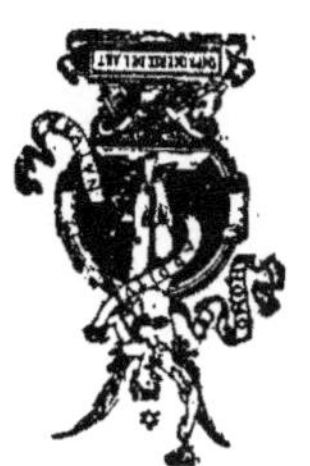

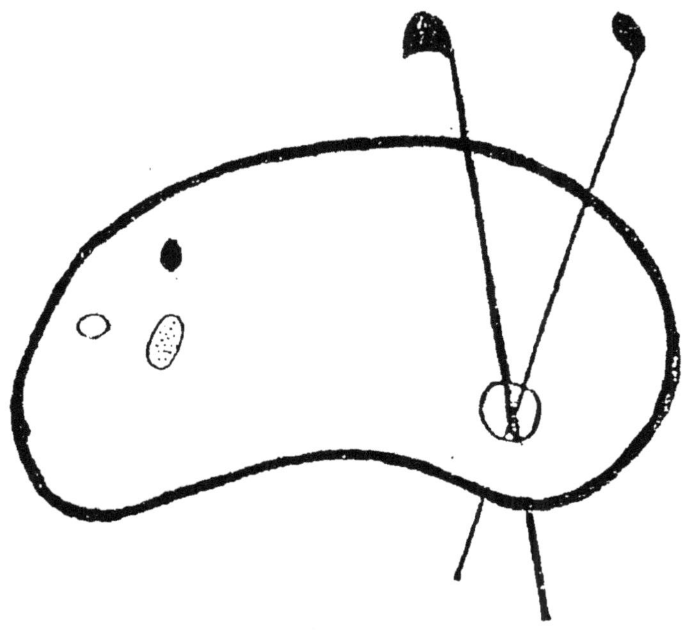

FIN D'UNE SERIE DE DOCUMENTS
EN COULEUR

CATALOGUE

DE

DEUX BELLES TAPISSERIES

DE BRUXELLES

Du Commencement du XVIII° siècle

Dont la Vente aux enchères publiques

POUR CAUSE D'INDIVISION

AURA LIEU

HOTEL DROUOT, SALLE N° 11

LE VENDREDI 23 JUIN 1911

à quatre heures

PAR LE MINISTÈRE DE

M° JEAN AUBOYER, COMMISSAIRE-PRISEUR

4, rue Richer

ASSISTÉ DE

MM. PAULME ET **B. LASQUIN FILS**

10, rue Chauchat   EXPERTS   11, rue Grange-Batelière

EXPOSITIONS

PARTICULIÈRE : *Le Jeudi 22 Juin 1911, de 1 h. 1/2 à 6 heures.*
PUBLIQUE : *Le jour de la vente, de 1 h. 1/2 à 4 heures.*

CONDITIONS DE LA VENTE

Elle sera faite au comptant.

Les adjudicataires paieront DIX POUR CENT en sus des enchères.

L'exposition mettant le public à même de se rendre compte de l'état et de la nature des objets, il ne sera admis aucune réclamation une fois l'adjudication prononcée.

Paris. — Imprimerie de l'Art, Ch. Berger, 41, rue de la Victoire.

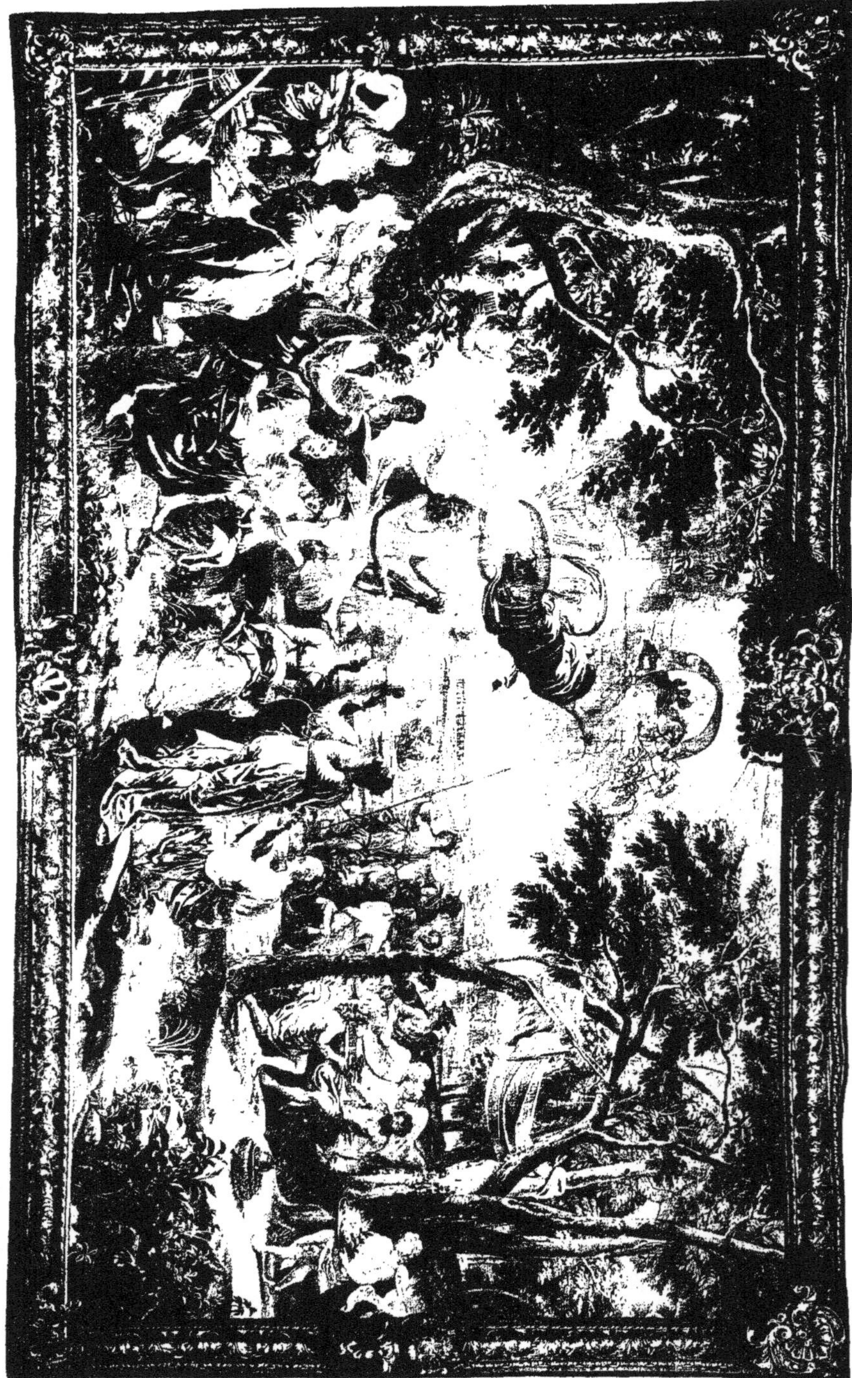

DÉSIGNATION

Tenture en ancienne tapisserie fine de **Bruxelles**, probablement exécutée dans les ateliers de *Albert Auwercx.* Commencement du xviiie siècle.

Elle comprend deux pièces d'importance à peu près égale, dont les cartons peuvent être attribués à l'un des Coypel.

1 — APOLLON ou l'Été.

Dans un luxuriant paysage, on voit, au centre, Apollon assis sur une nuée, tenant sa lyre : au-dessus de sa tête, un génie ailé soutient le globe de feu de Phébus. Plus haut, dans le ciel, le char du dieu apparaît dans une vision. Se développant jusque vers la gauche de la composition, les muses, dans des attitudes variées, forment un concert de leurs instruments et de leurs voix, que préside Apollon.

A droite, sous un bouquet d'arbres, les dieux et déesses de l'Olympe sont assemblés autour d'une table chargée de fruits. Dans le lointain, une divinité marine debout sur un esquif, qu'accompagnent des tritons et des nymphes, aborde sur la rive.

Belle bordure d'encadrement faite de rinceaux et enroulements de feuillage autour d'une baguette, interrompus aux angles et au milieu des côtés par des motifs divers : trophée, coquilles et vases fleuris.

Haut.. 3 m. 25 cent.; larg.. 5 m. 20 cent.

2 — BACCHUS ou l'Automne.

Au centre de la composition, à l'ombre d'une arcade à colonnes, près d'un vase posé sur un piédestal, derrière lequel deux amours retiennent une draperie, Bacchus est assis tenant d'une main une coupe, de l'autre un thyrse ; près de lui un enfant joue de la flûte : à ses pieds une bacchante est étendue, pendant que derrière le dieu une servante tient une aiguière et s'apprête à le couronner de vigne. Vers la gauche, une bacchante agite un tambourin, un satyre ivre s'est endormi près d'elle, pendant qu'un enfant debout mord à belles dents les raisins qui emplissent un vase. A droite, un groupe d'enfants jouant avec un bouc ou portant des corbeilles de raisins.

Dans le fond, à gauche, des paysans sont occupés aux travaux des vendanges, et à droite, au loin, dansent Silène, satyres et bacchantes.

Même bordure d'encadrement que celle de la tapisserie précédente.

Haut., 3 m. 25 cent.; larg., 4 m. 80 cent.

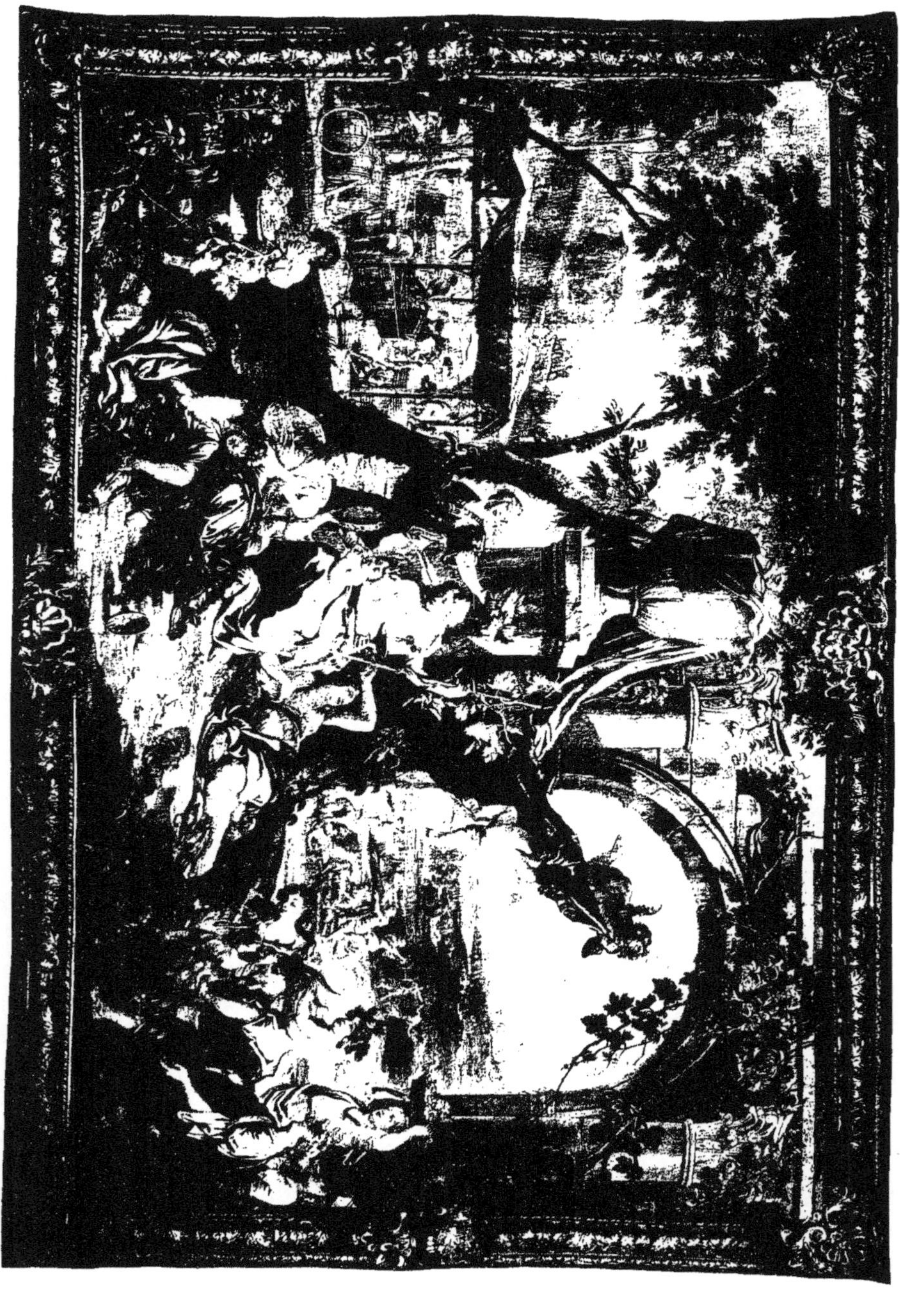

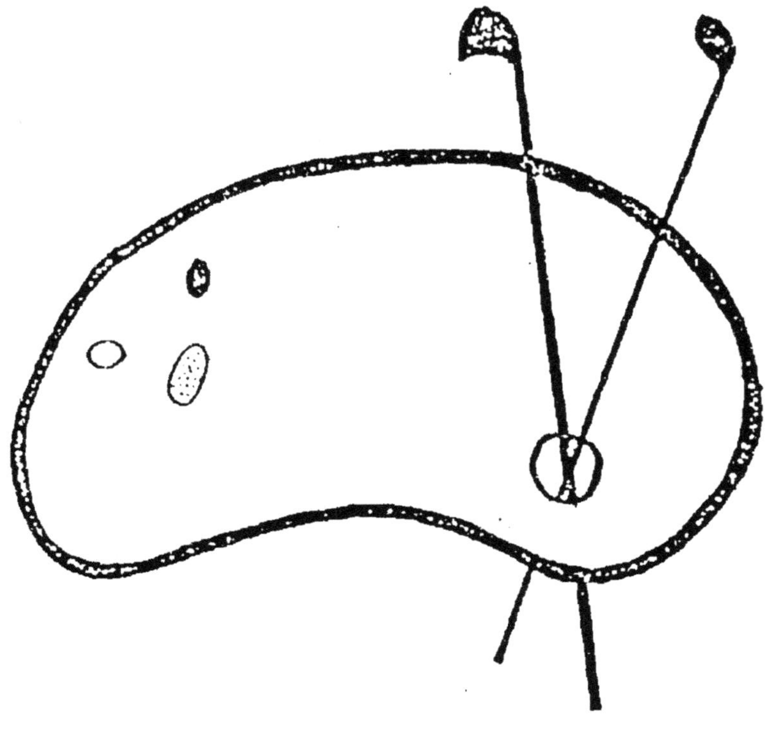

ORIGINAL EN COULEUR
NF Z 43-120-8

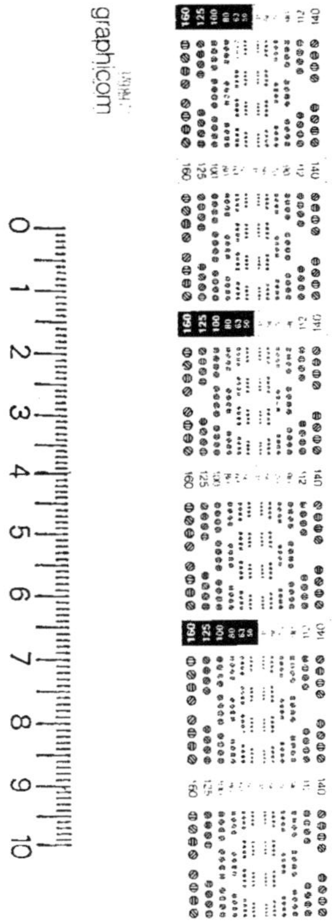

RED. :

25

graphicom

0 1 2 3 4 5 6 7 8 9 10